ART BY DON CASTILLO

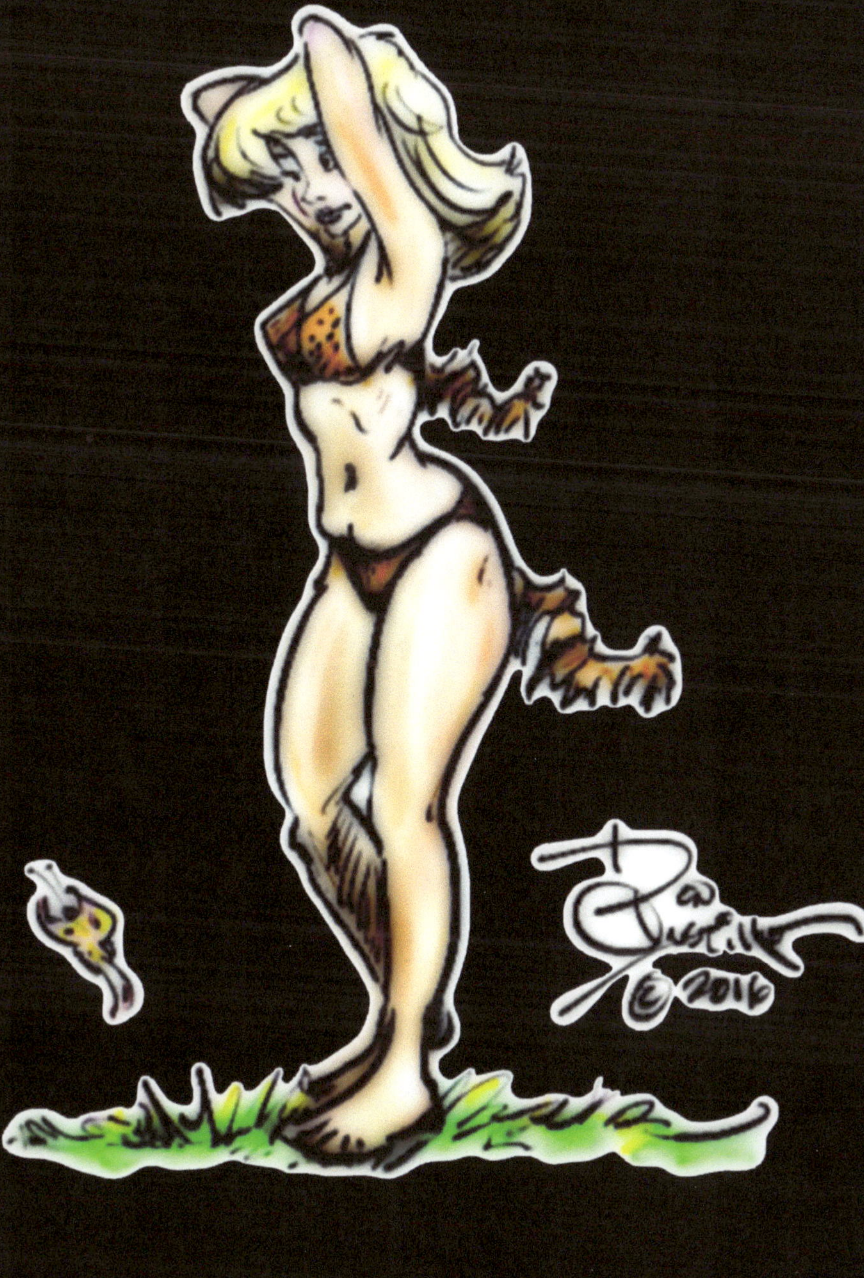

CONTACT DON CASTILLO
ON FACEBOOK
OR
DONLEEJKD@GMAIL.COM

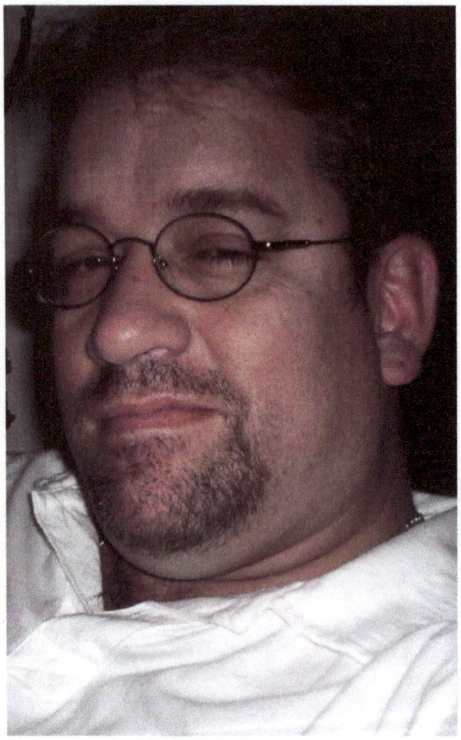

ART BY
DON CASTILLO

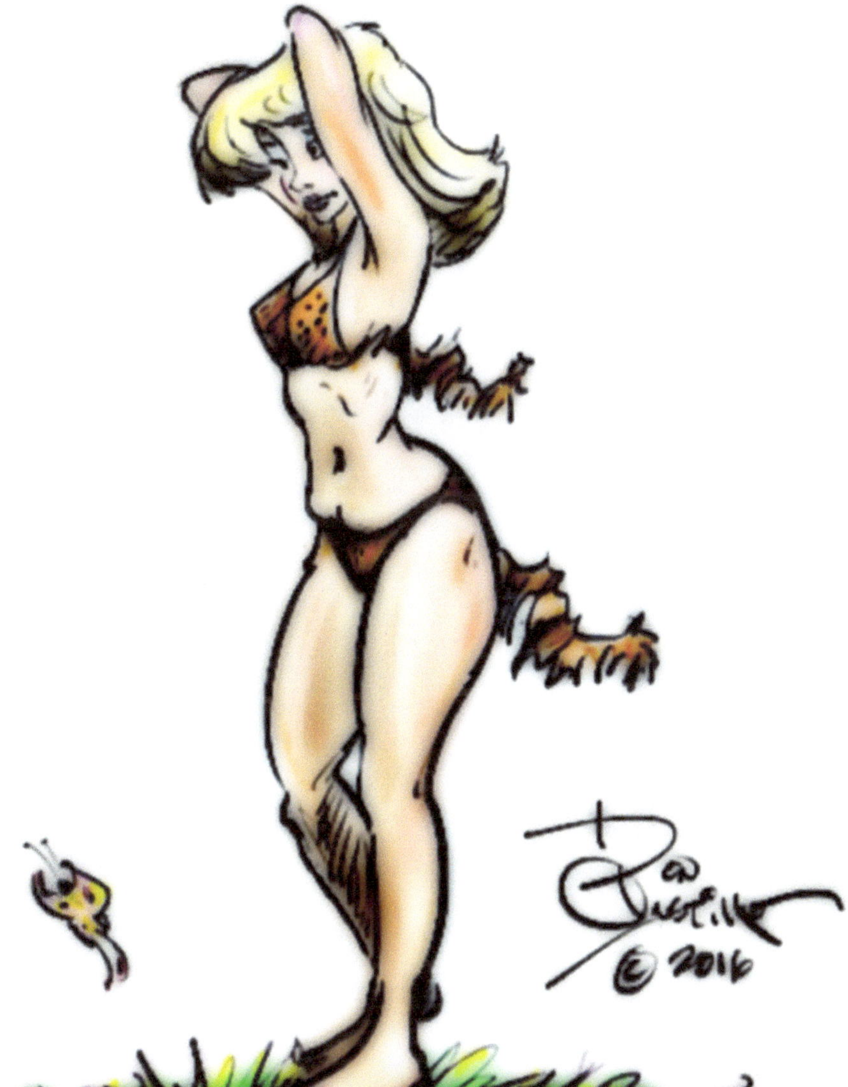

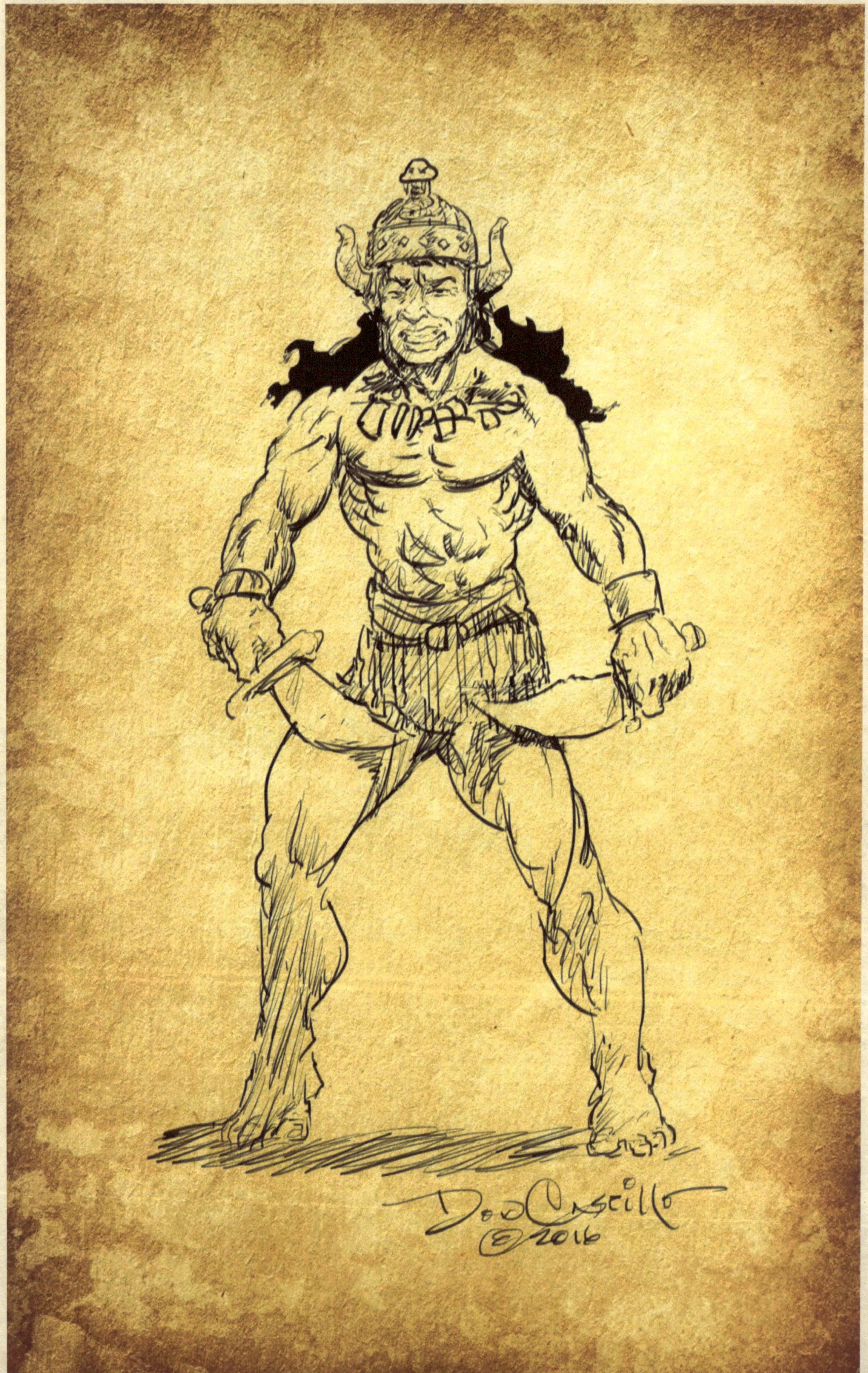
DonCastillo
©2016

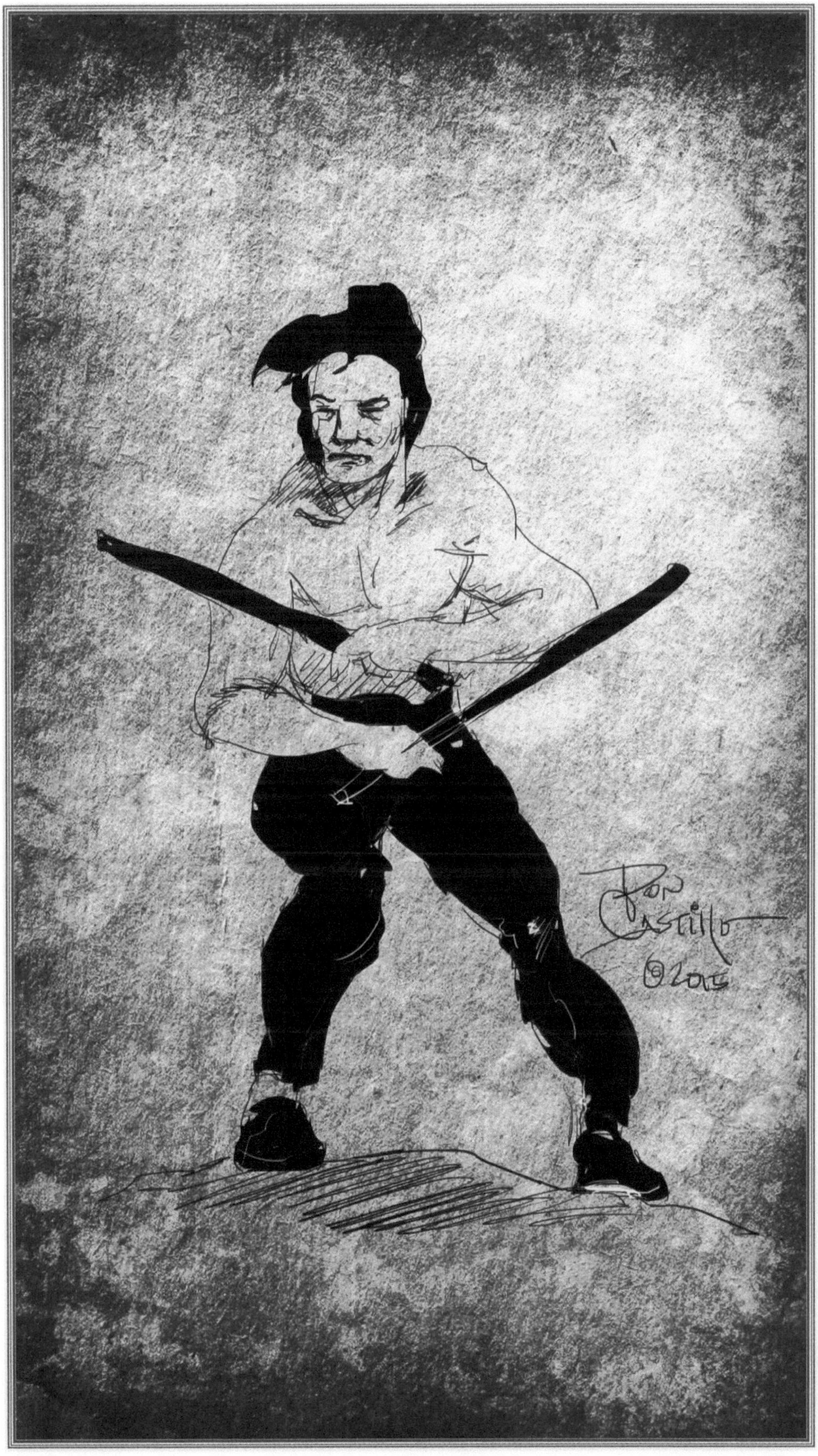

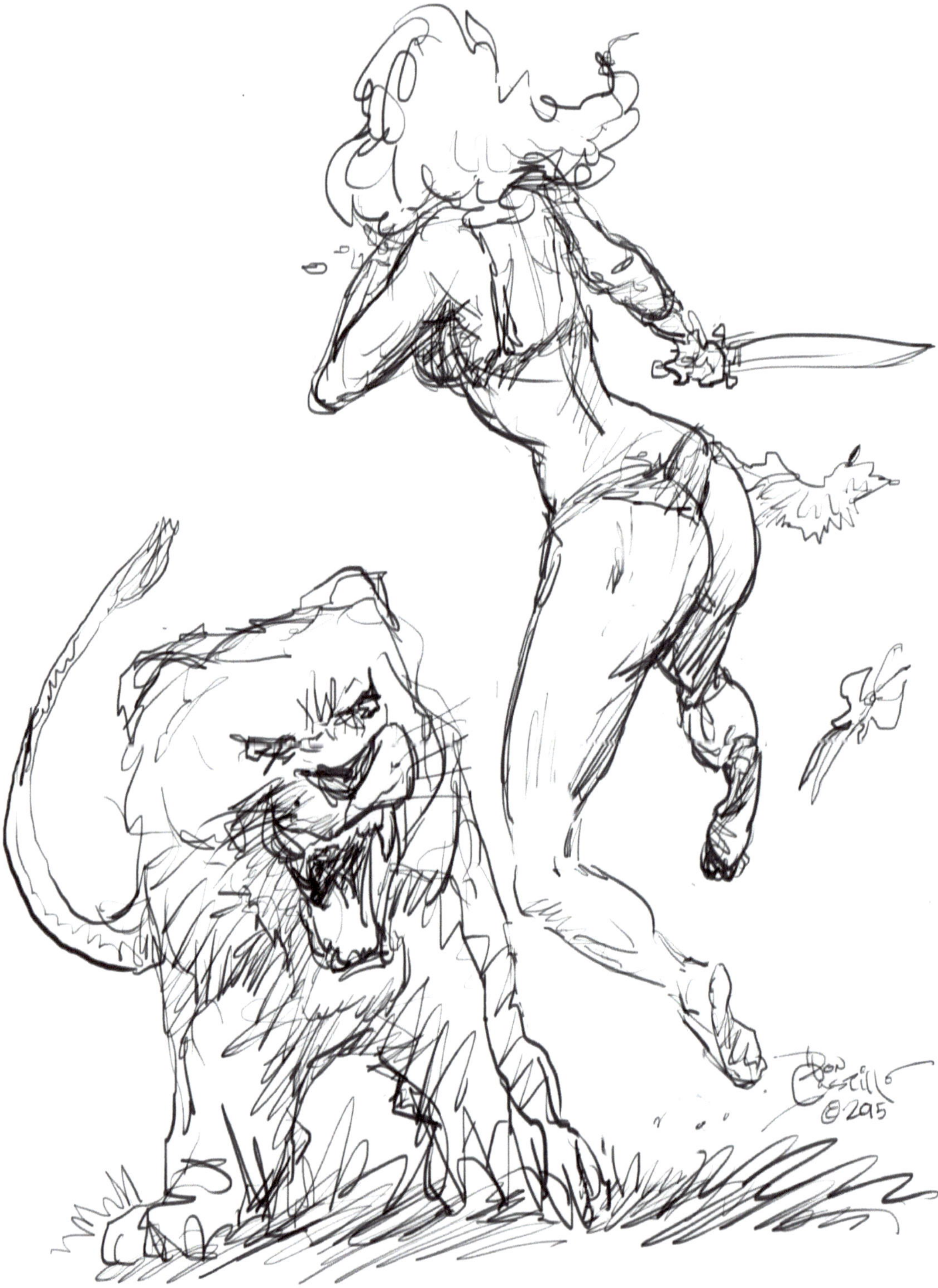
Don Castillo
©2015

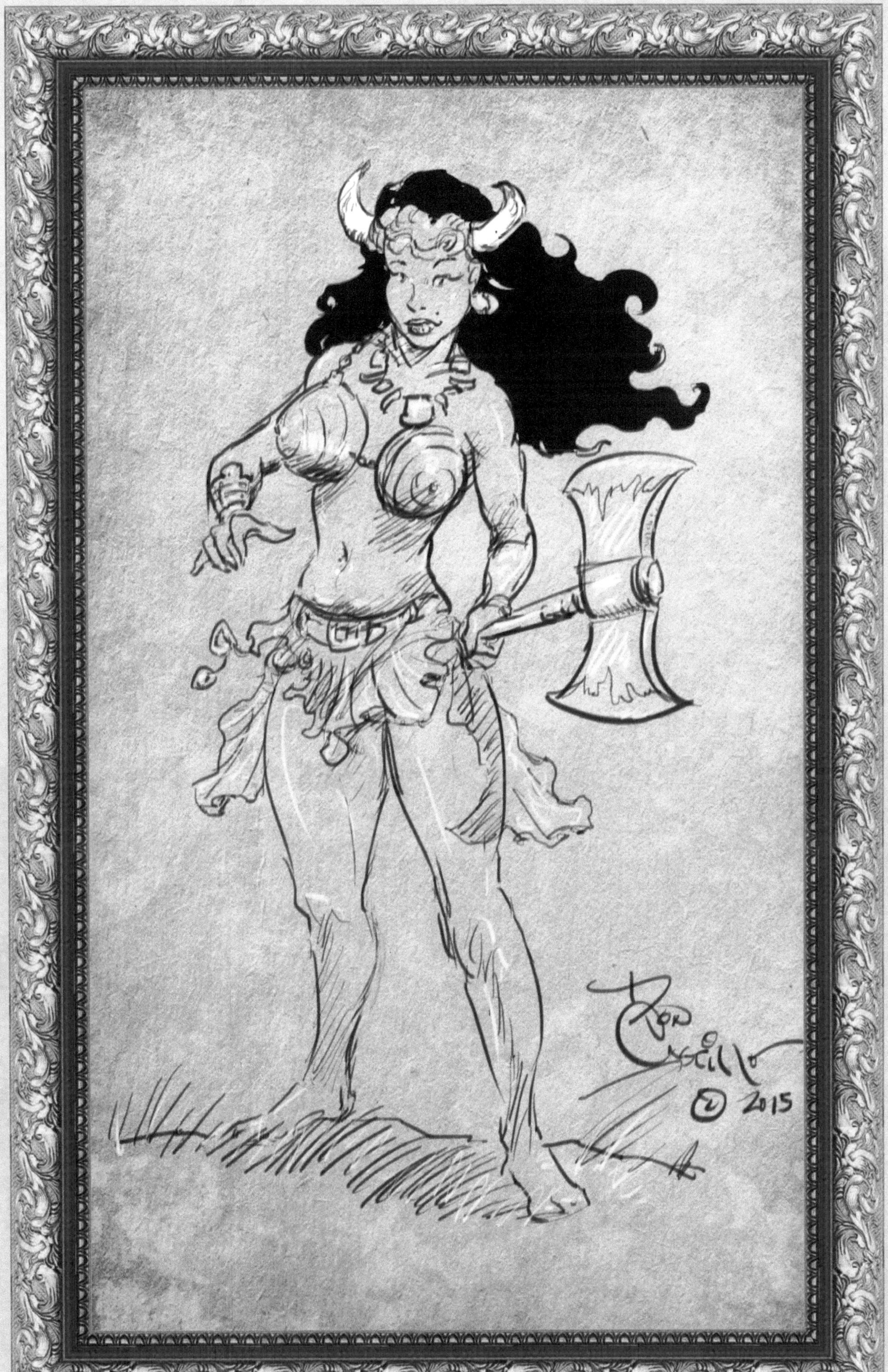
© 2015

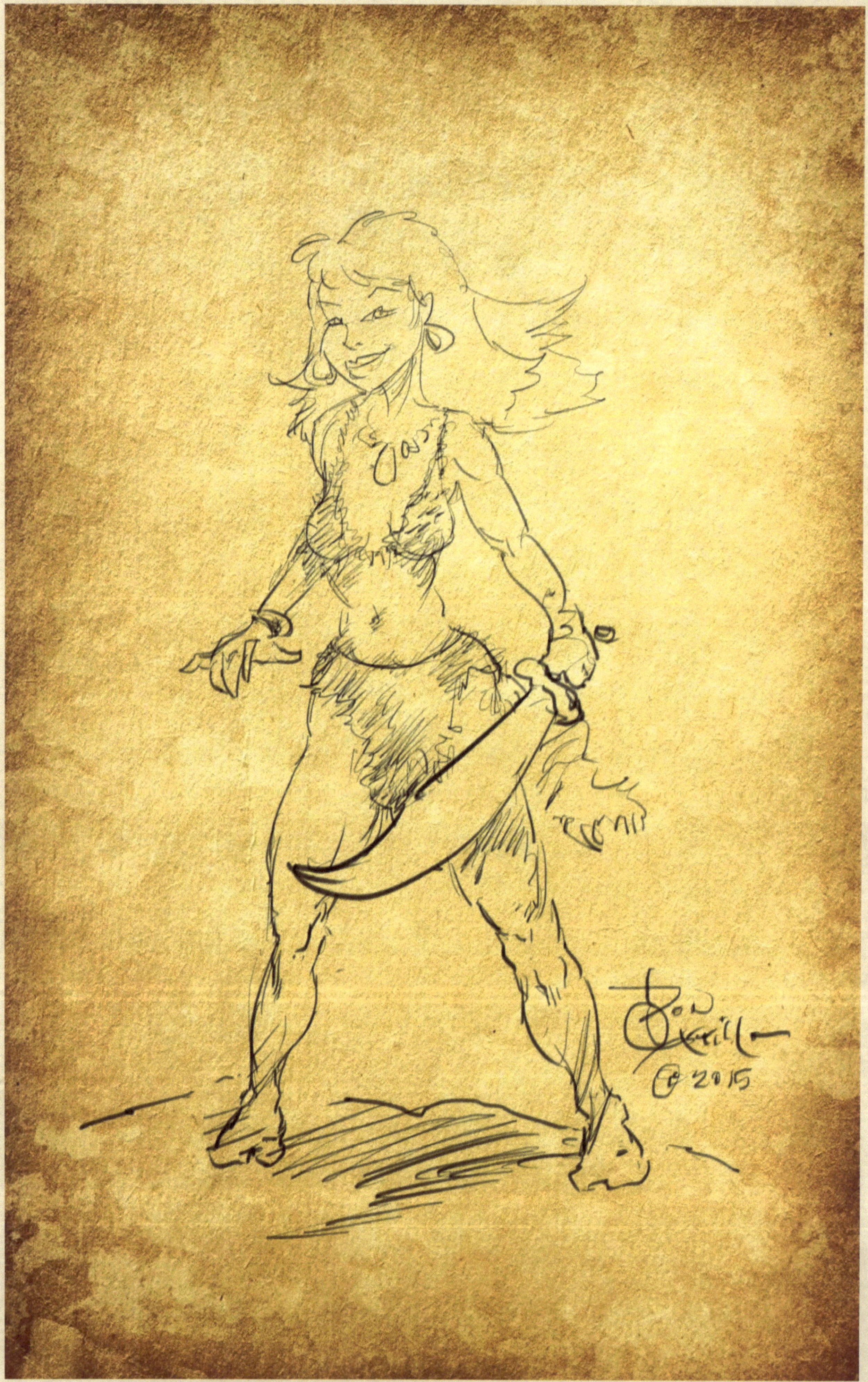
©2015

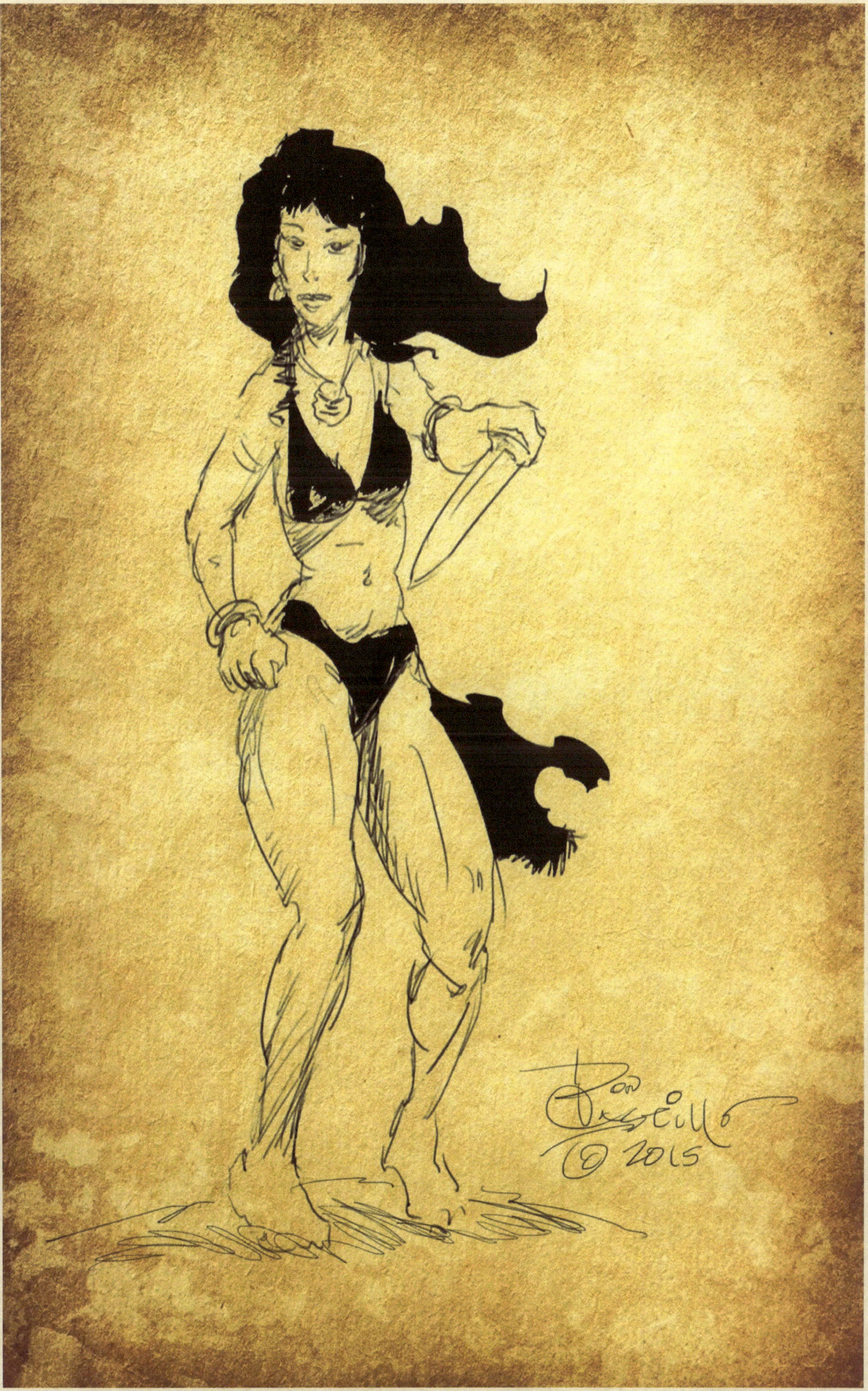
© 2015

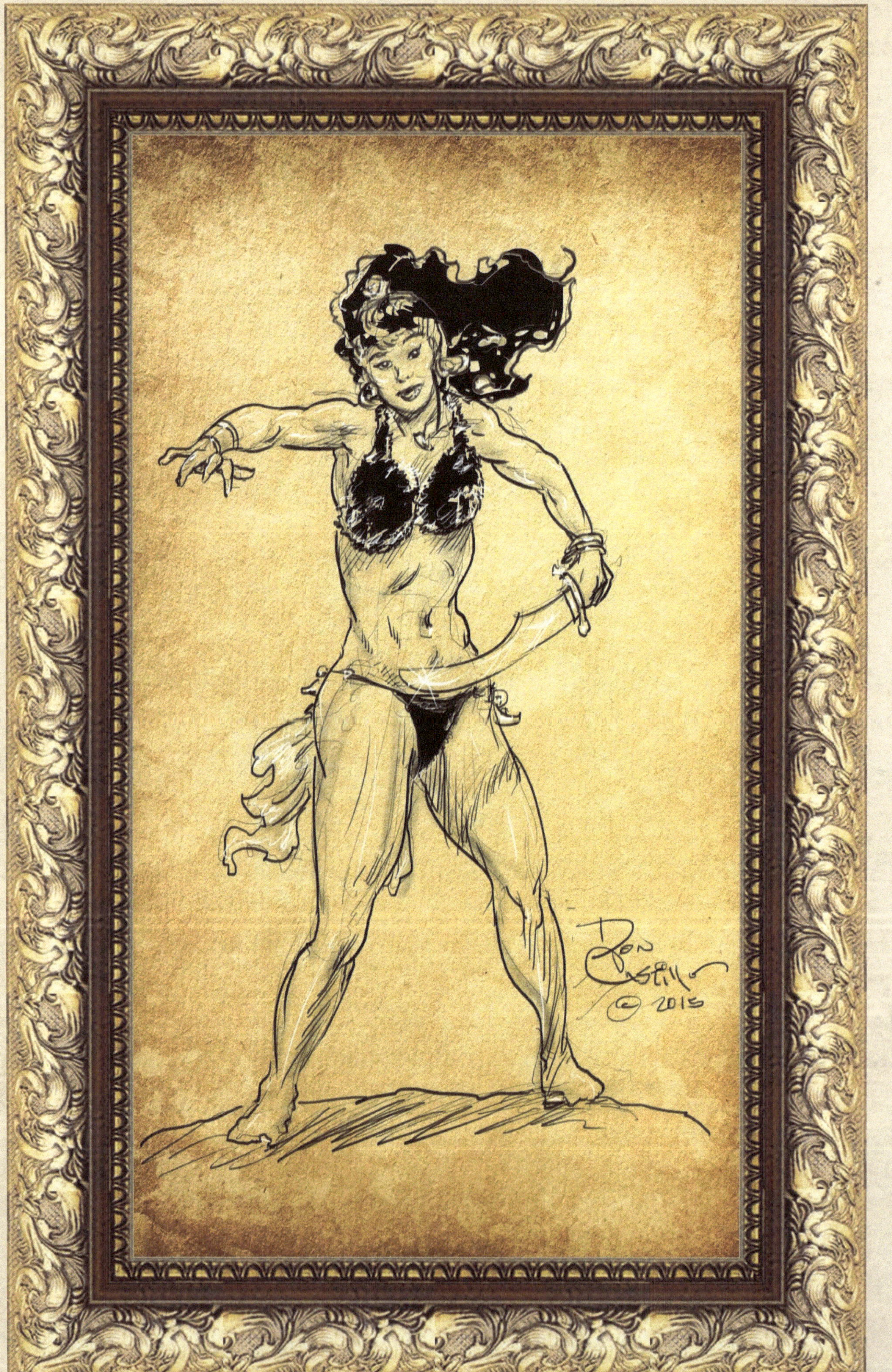
Don
Castillo
© 2015

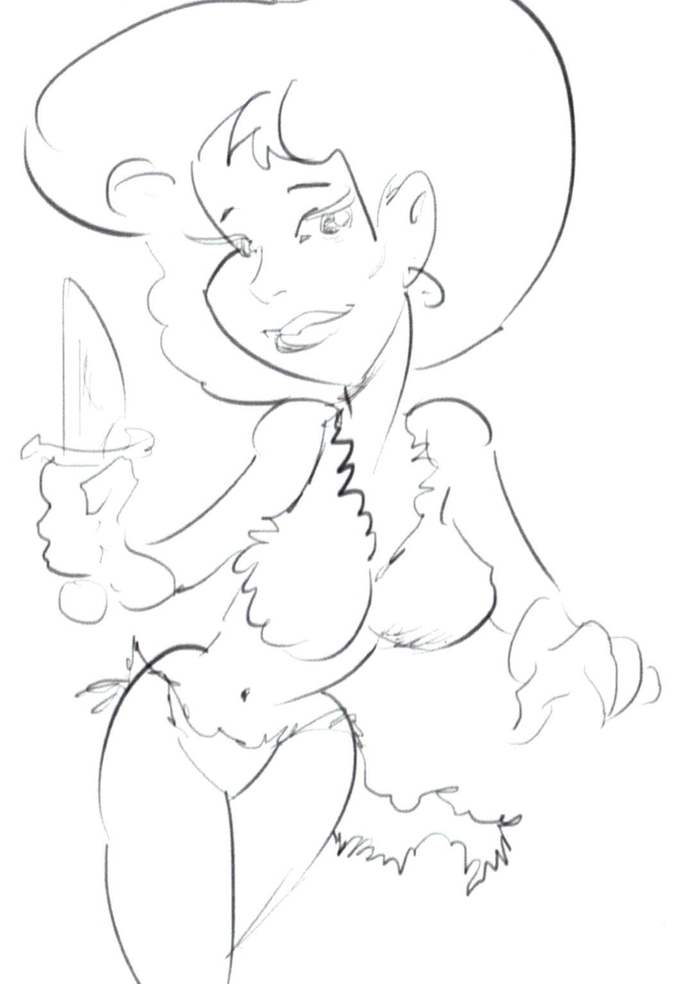
Don Castillo
©2015

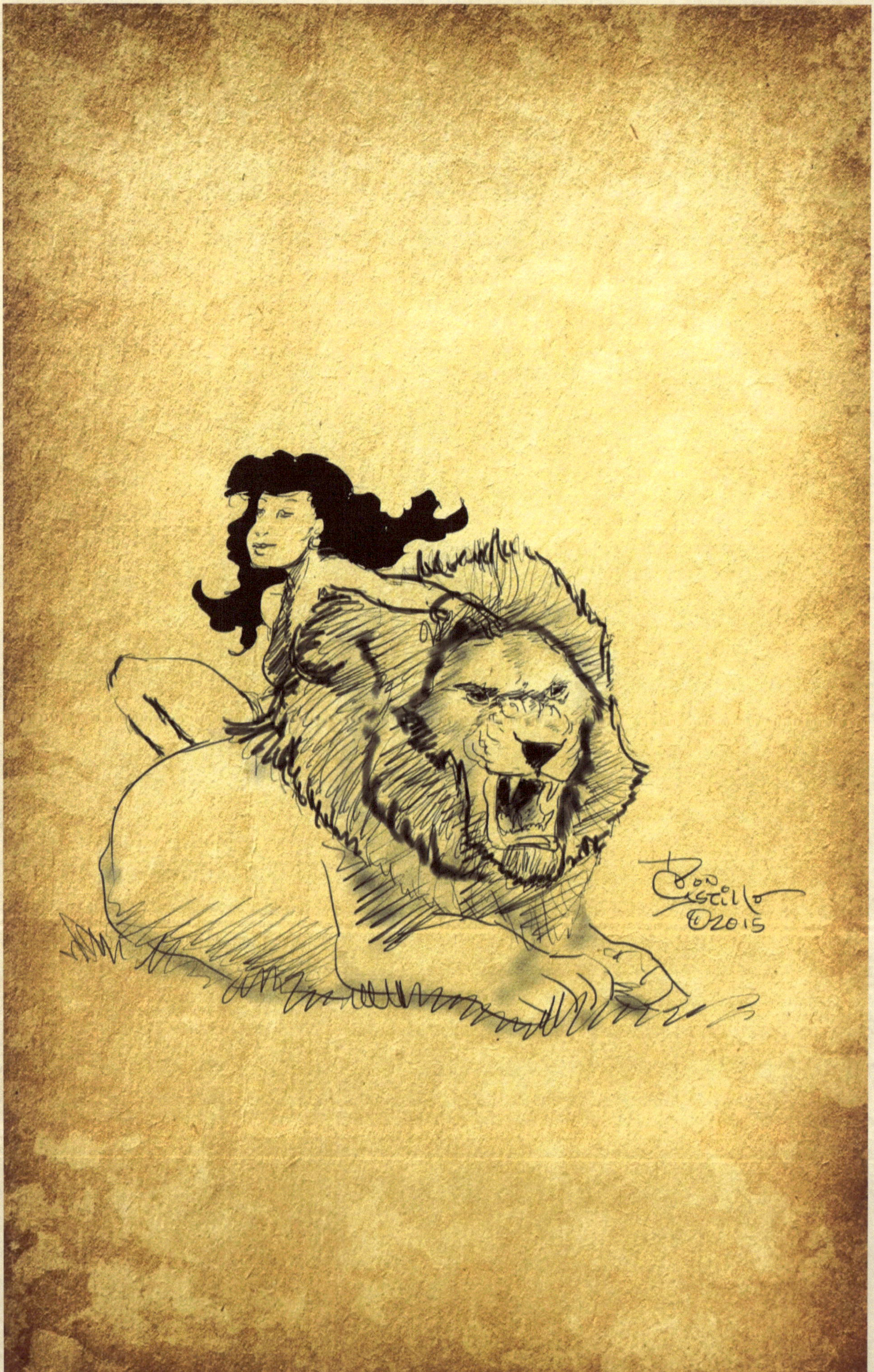
Ron Castillo ©2015

ART BY Don Castillo

'The Martial ARTist'

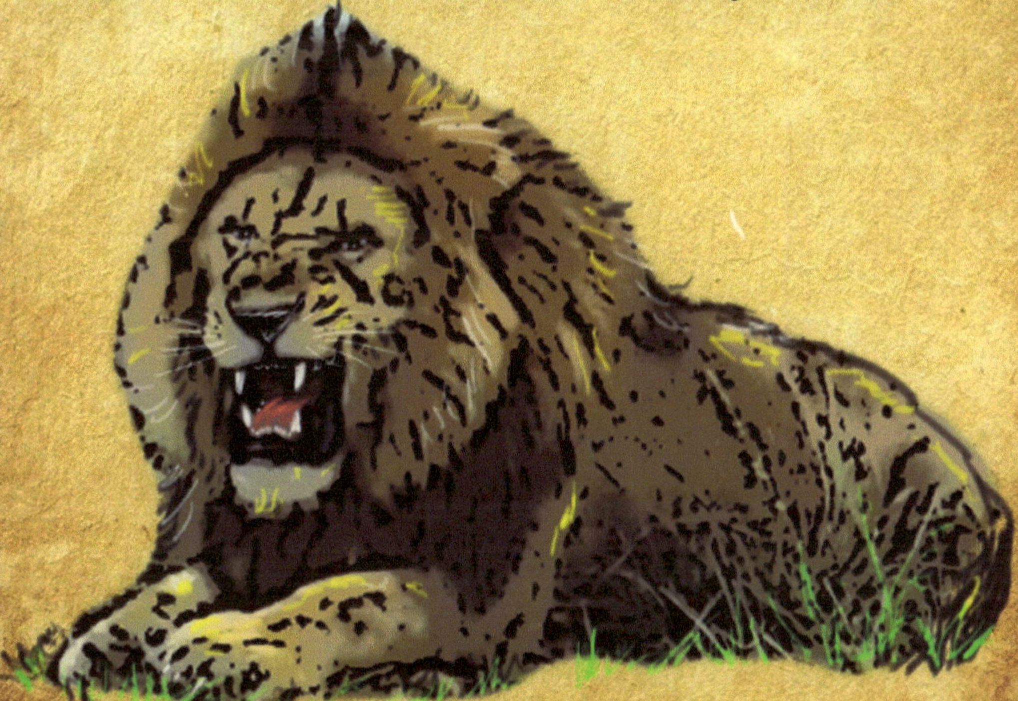

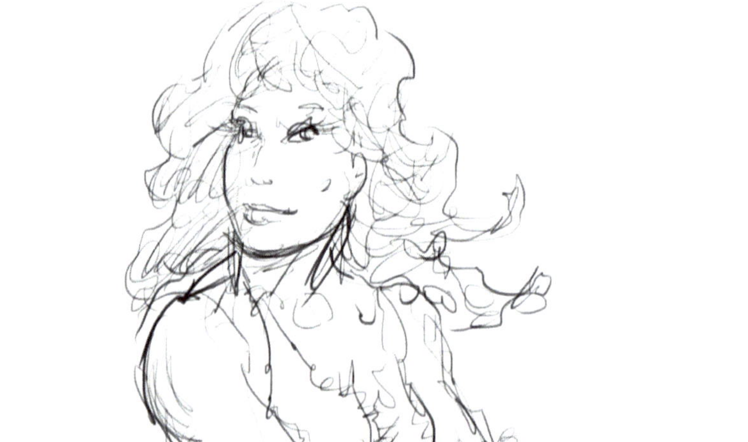
Don Castillo
©-2015

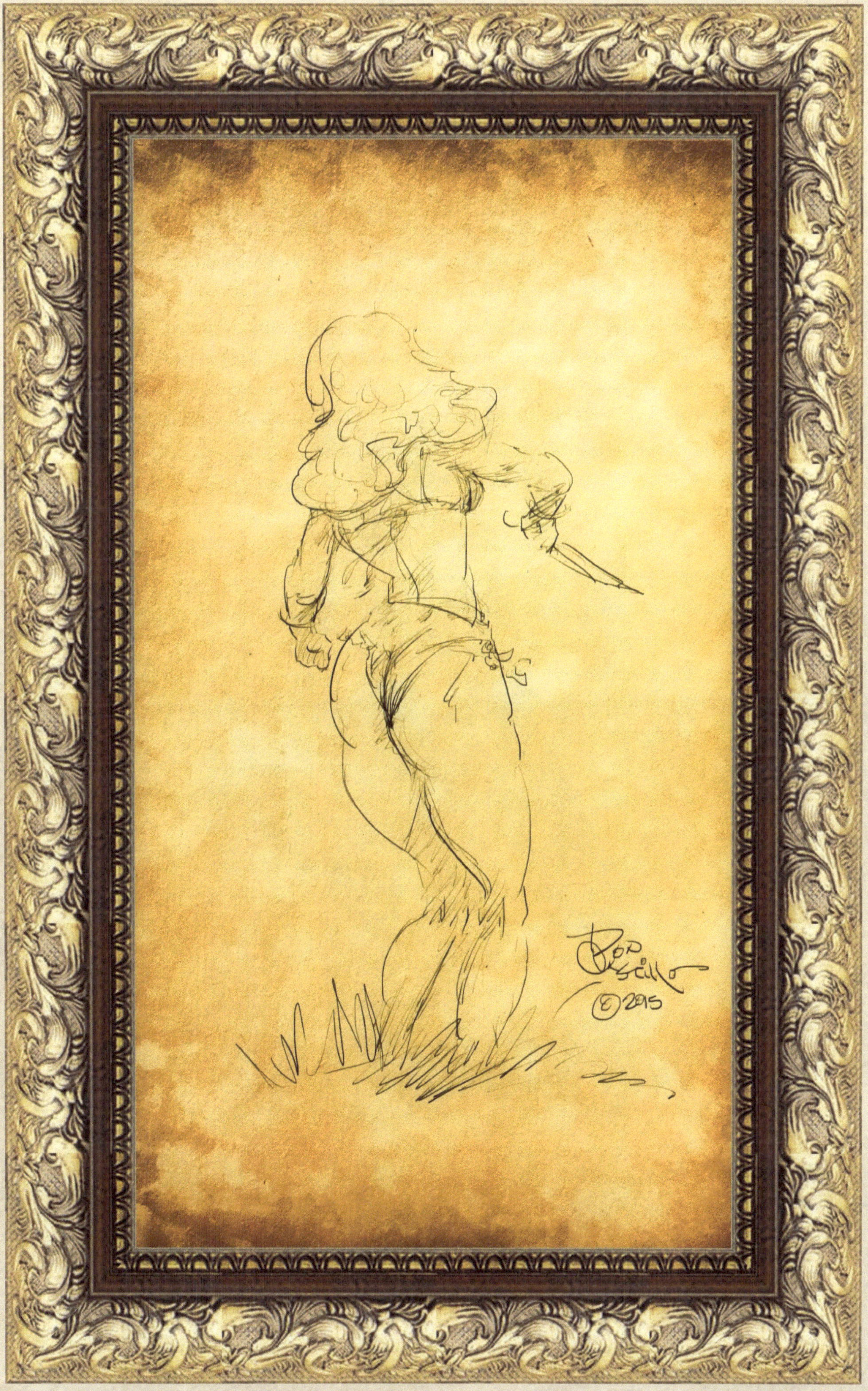
©2015

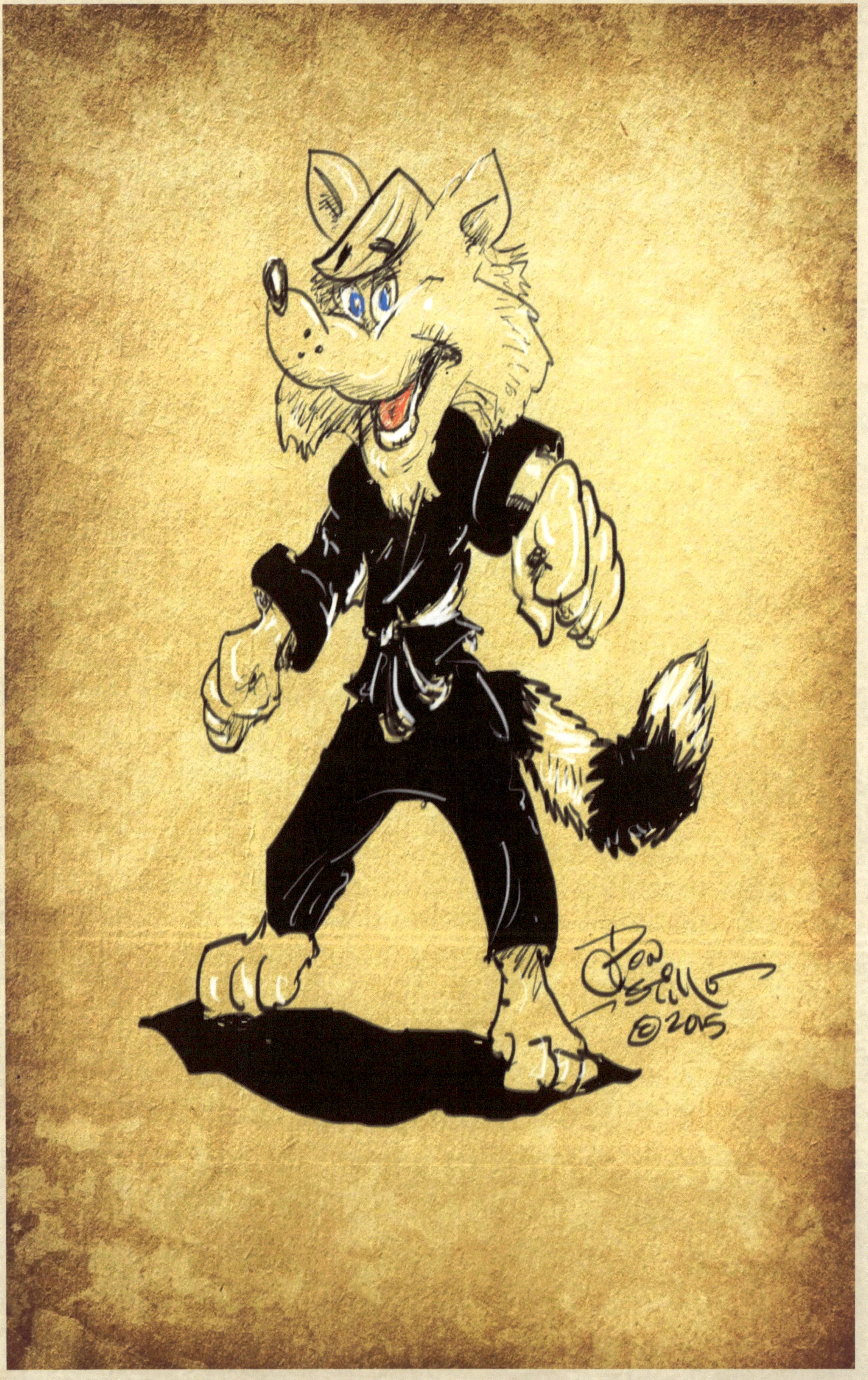
©2015

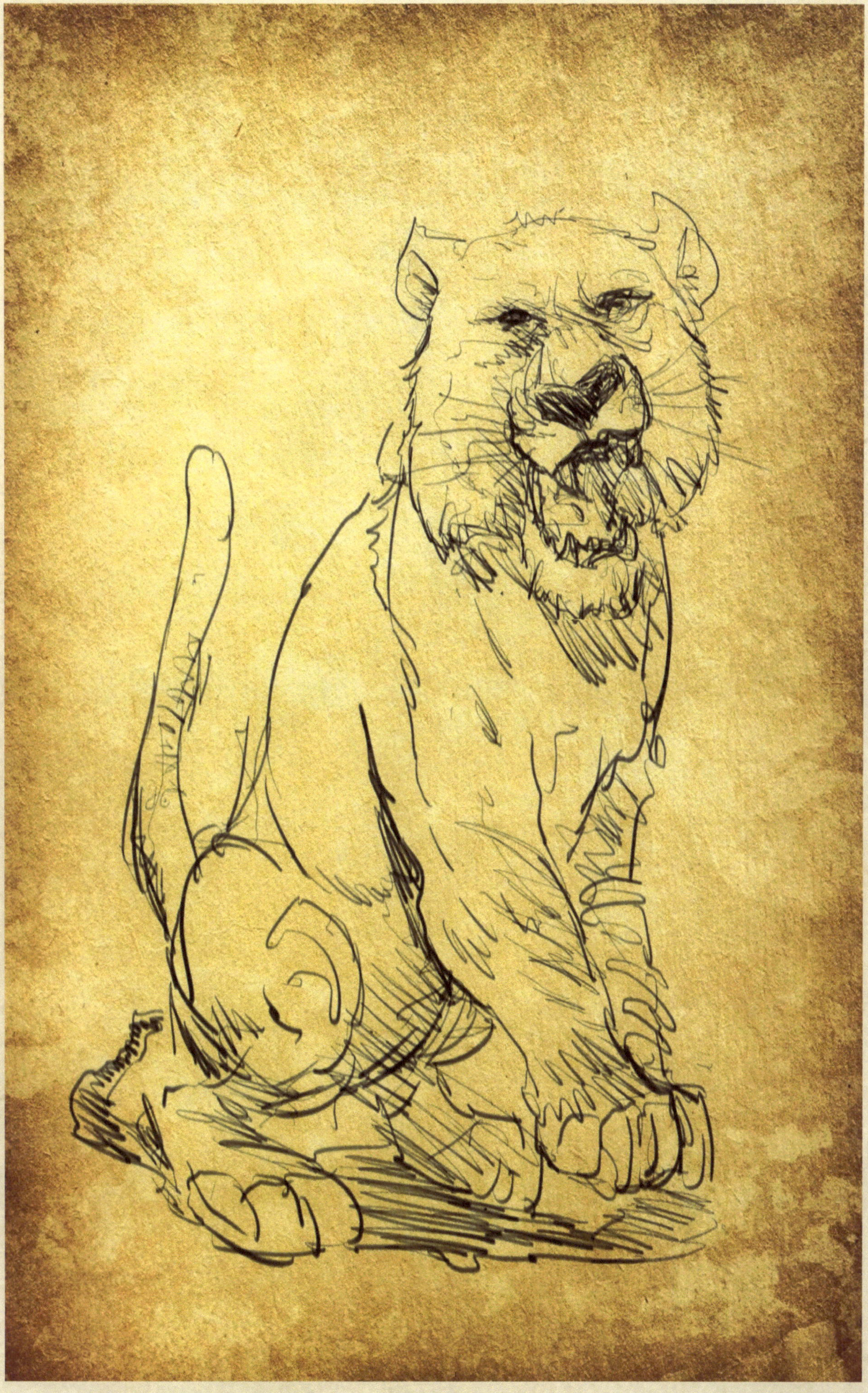

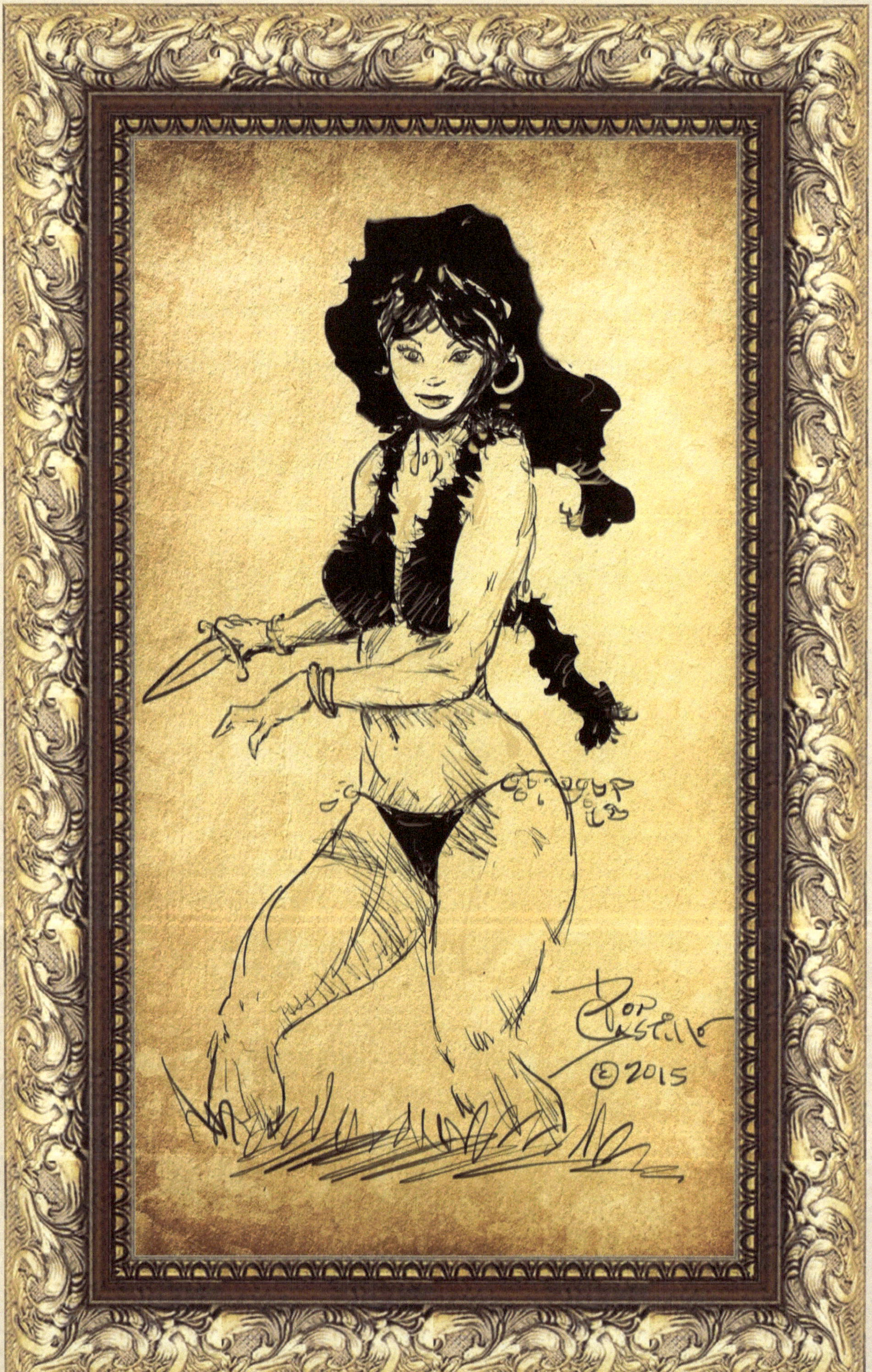
©2015

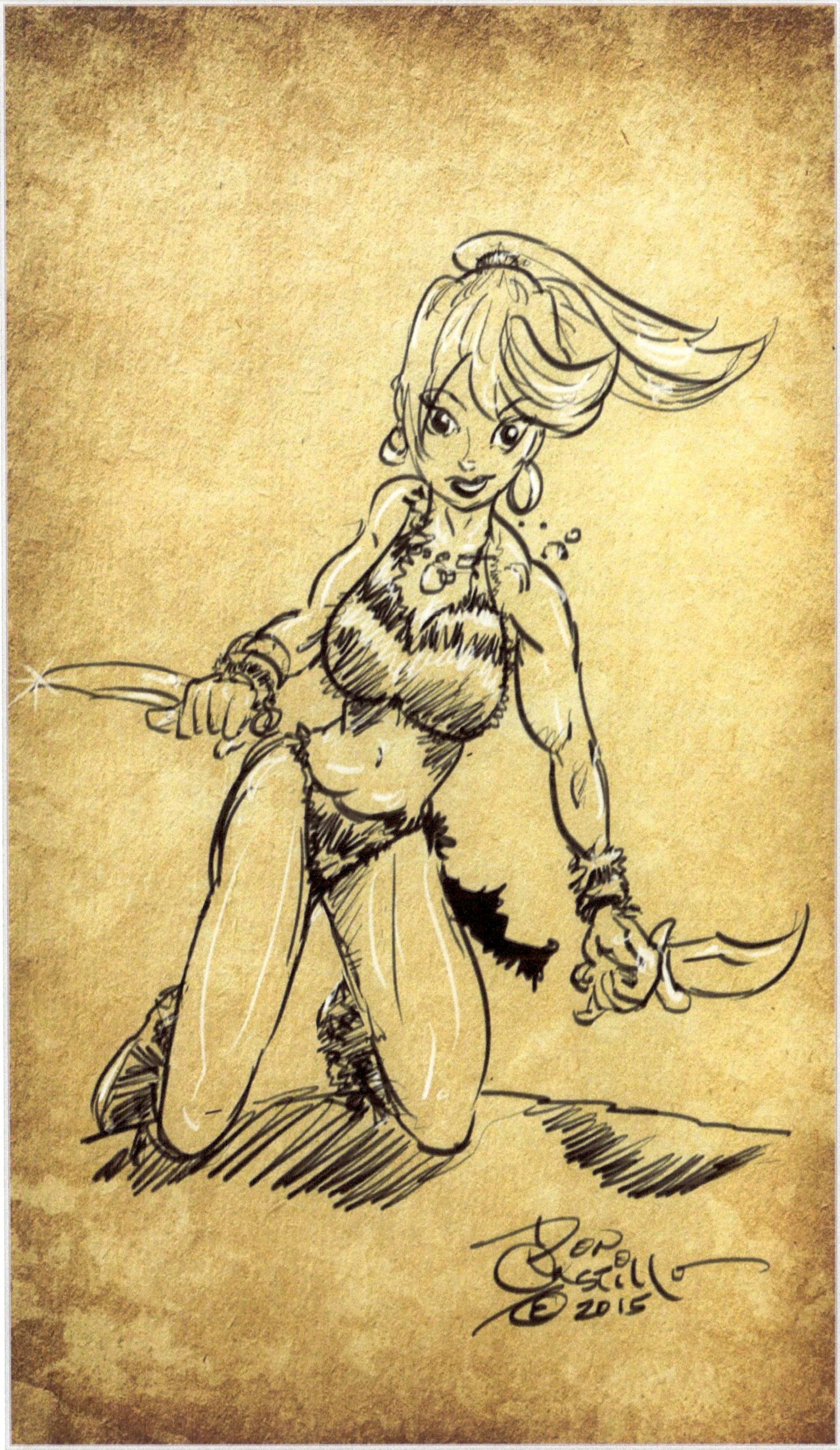

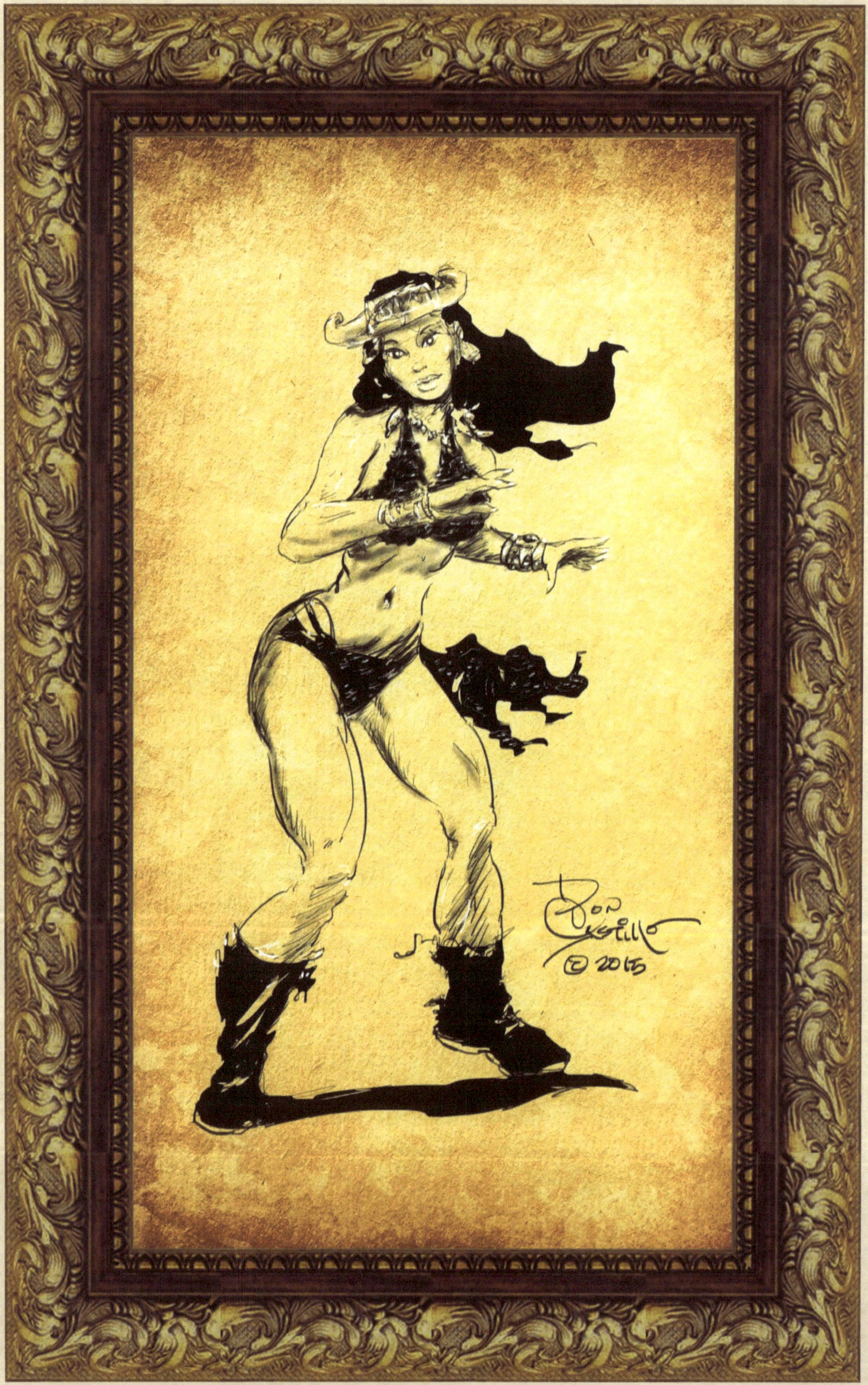
© 2015

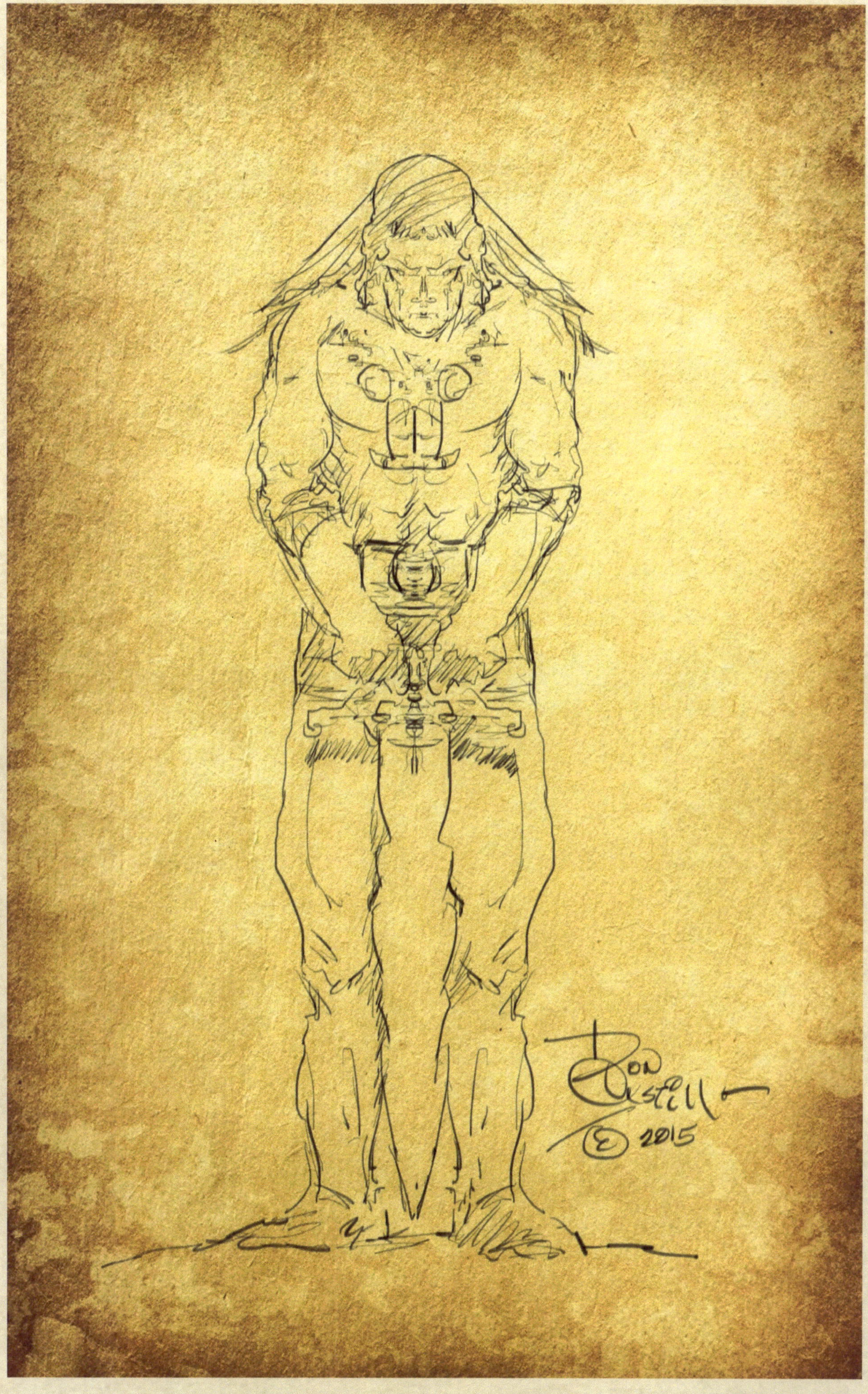
© 2015

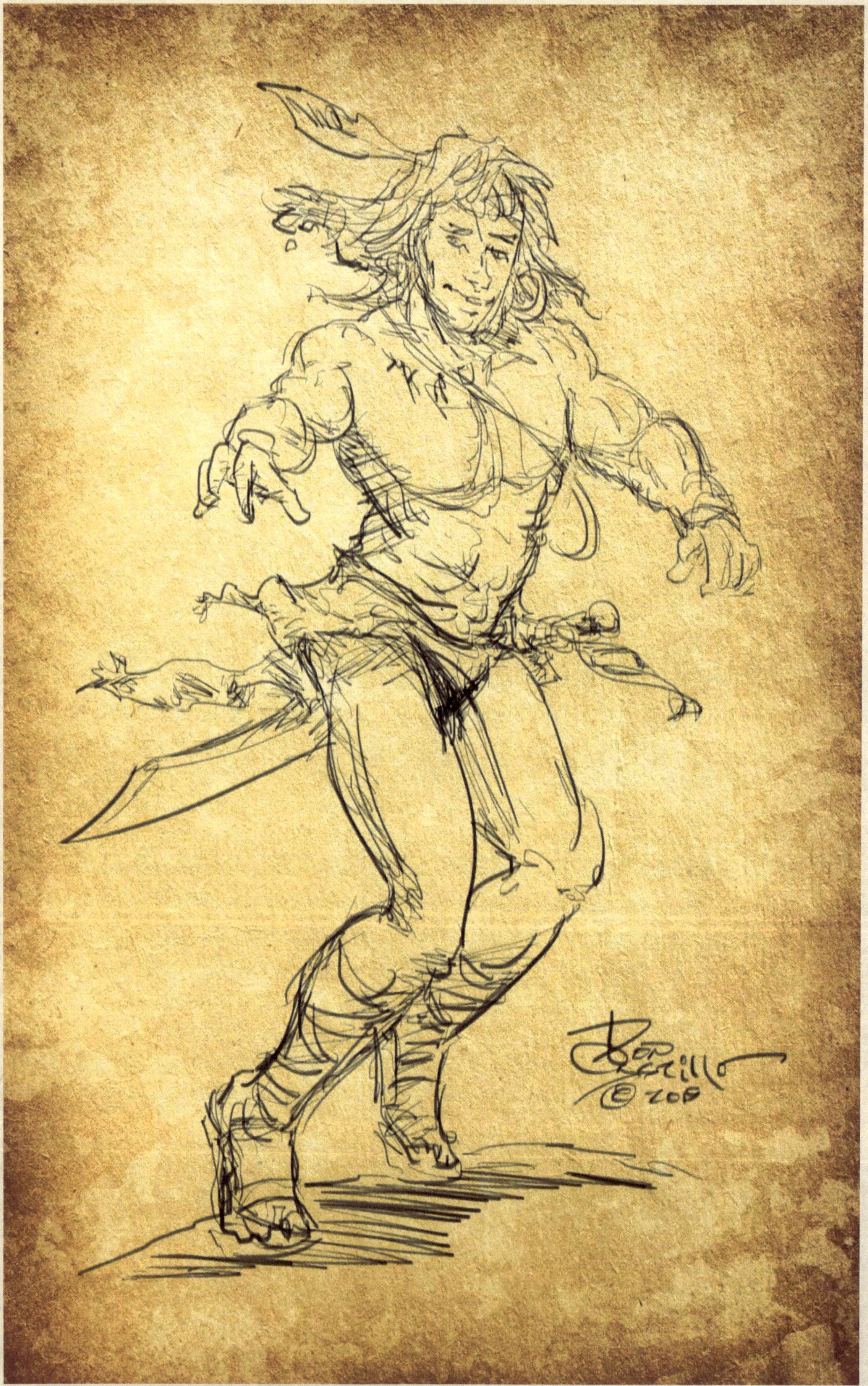

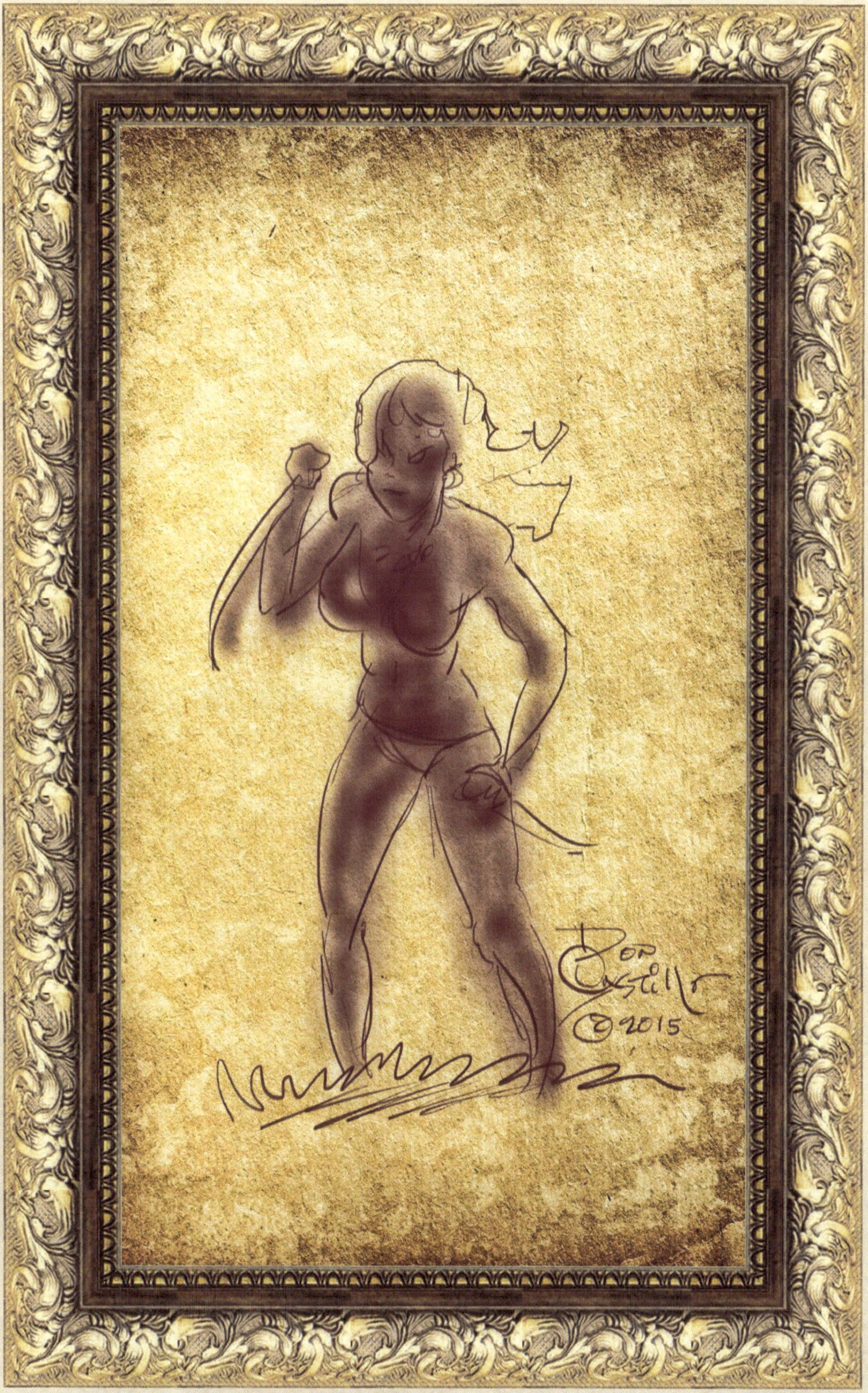
Don Castillo ©2015

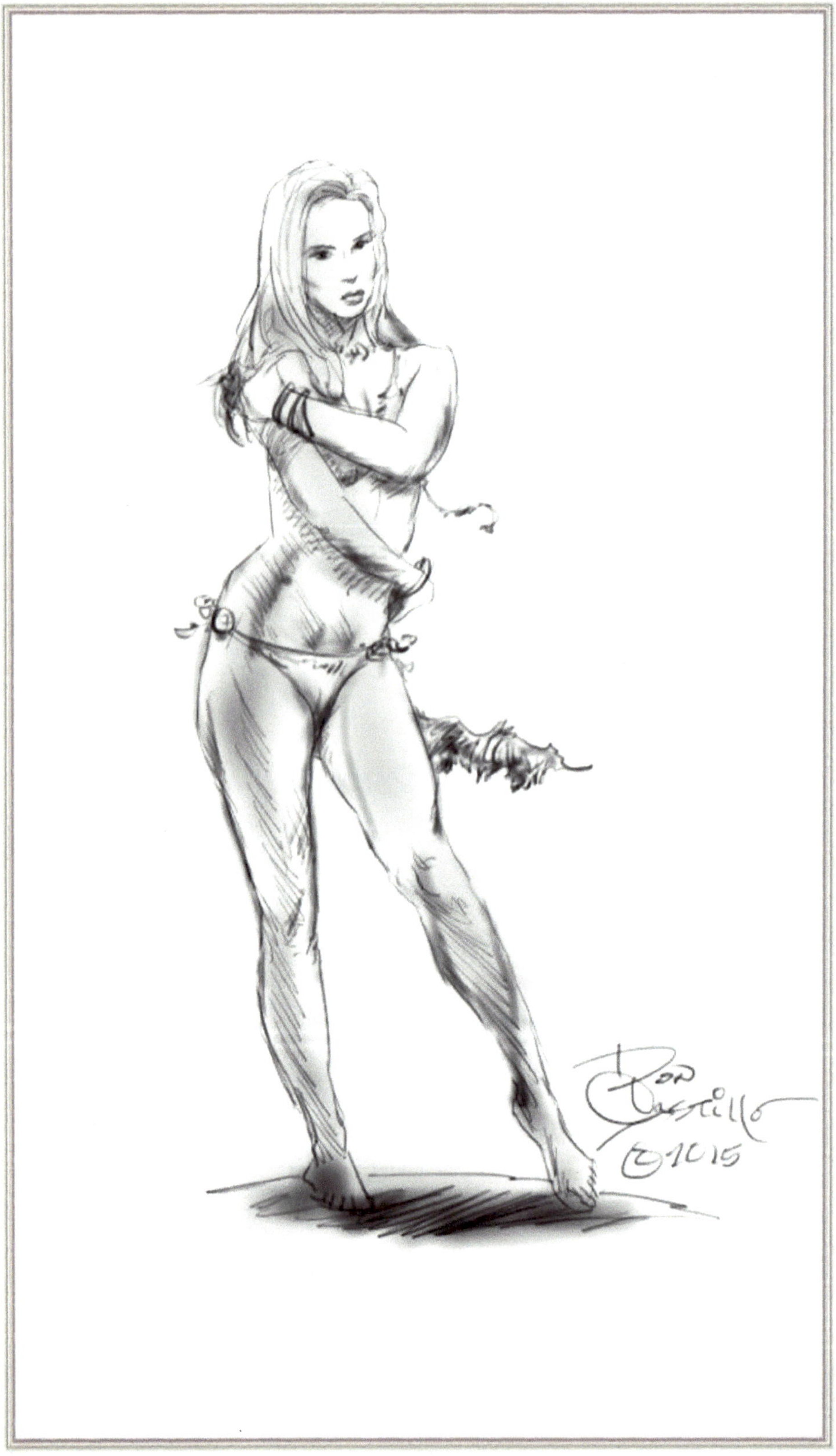

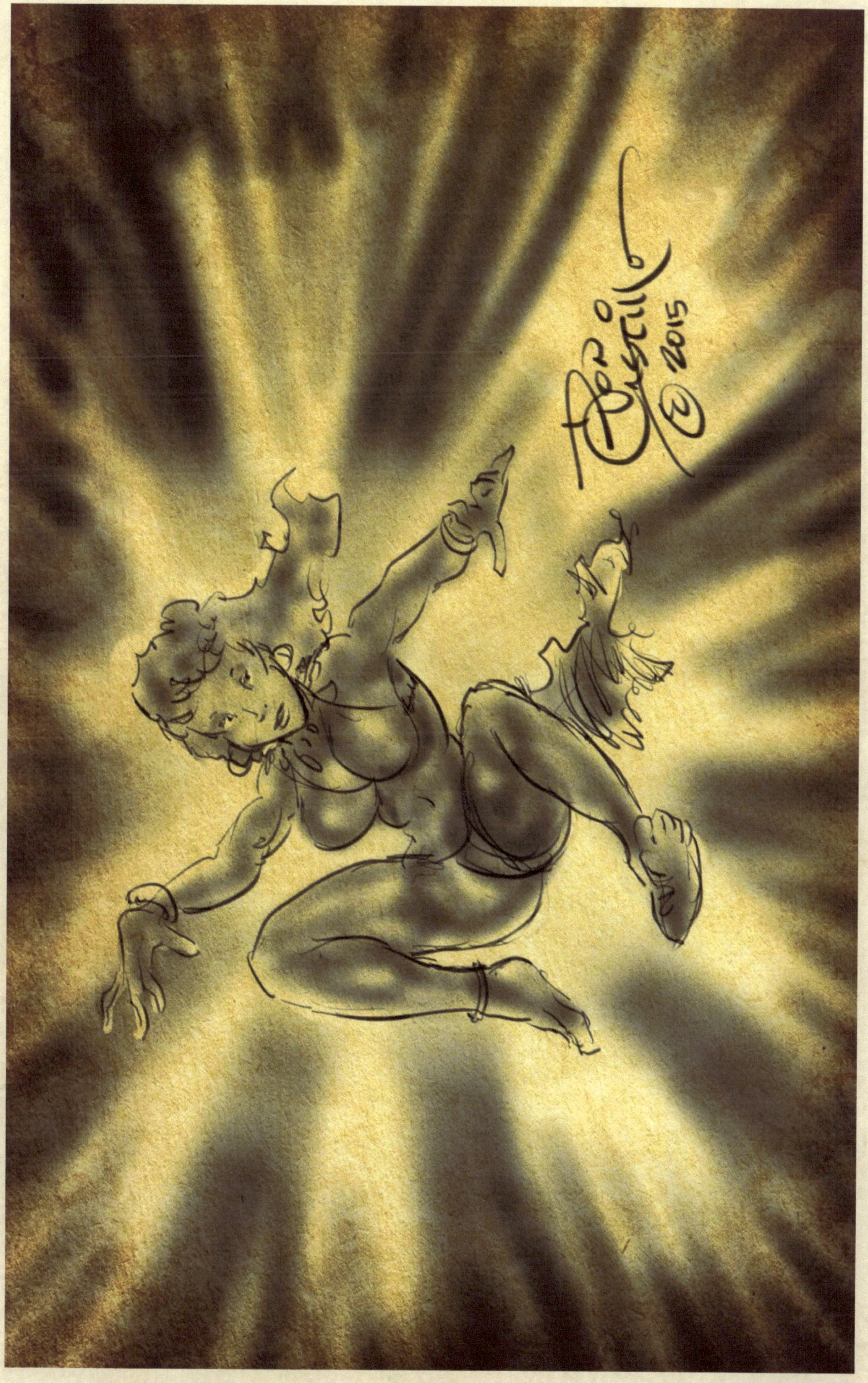
© 2015

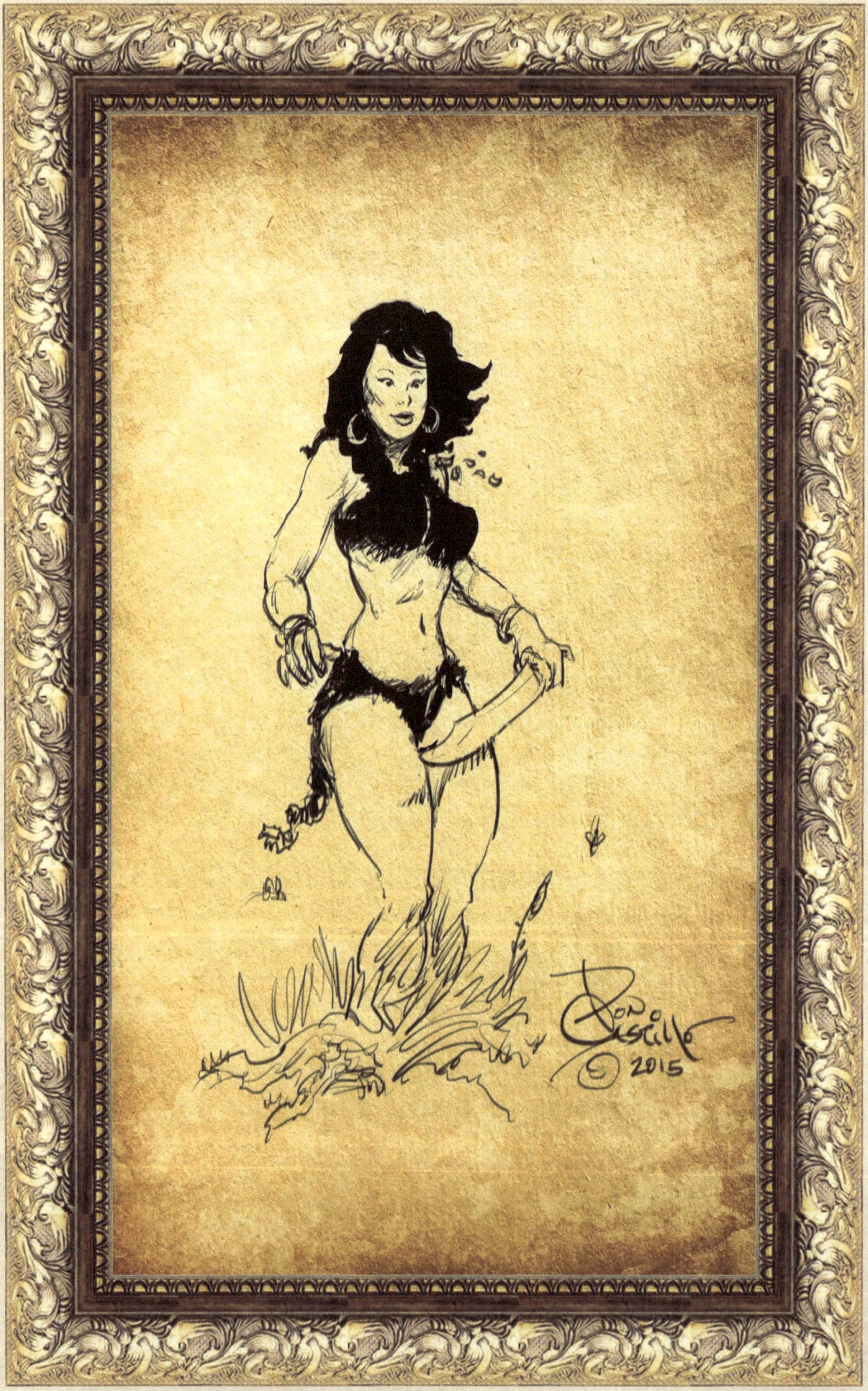
© 2015

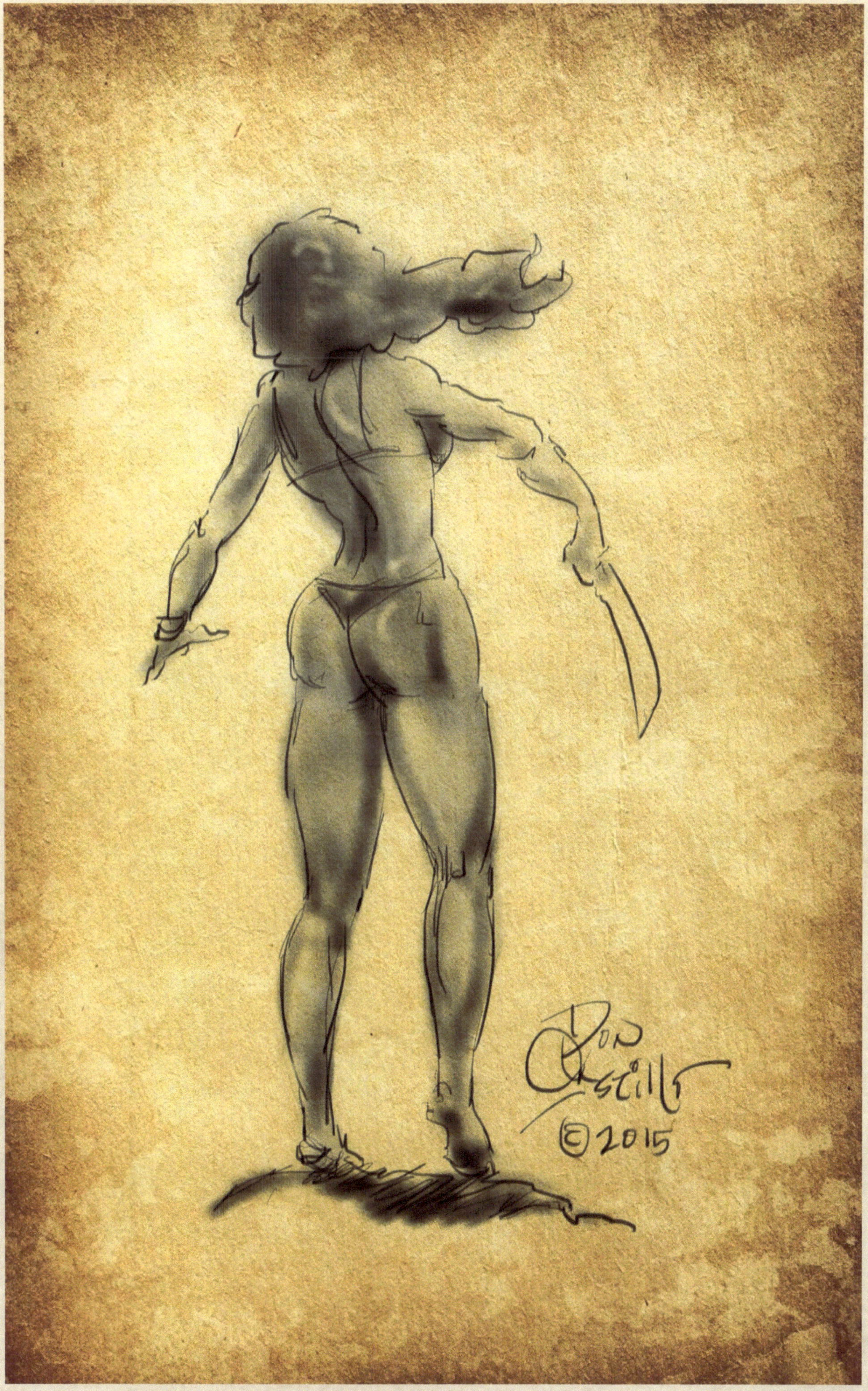
Don
©2015

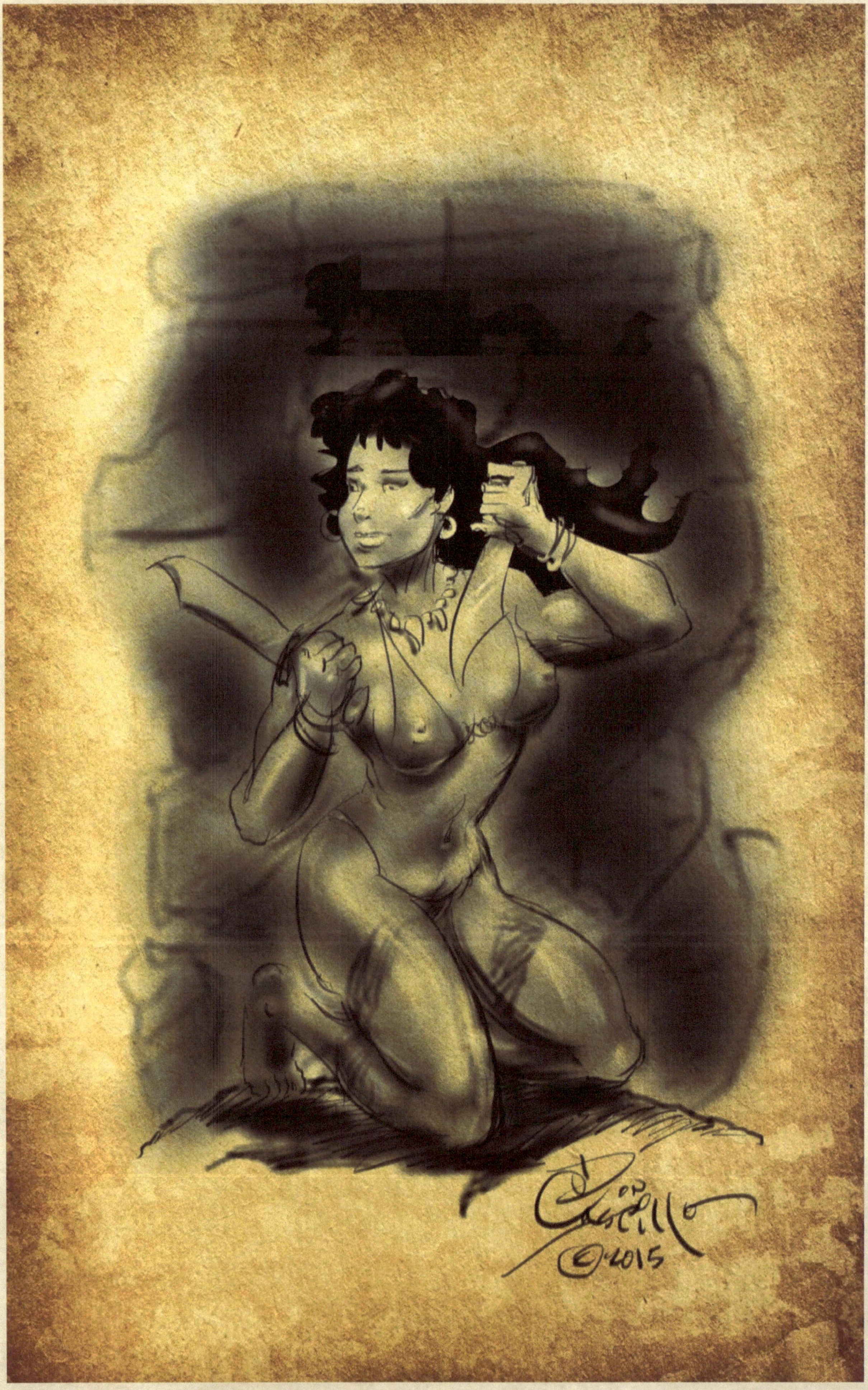
©2015

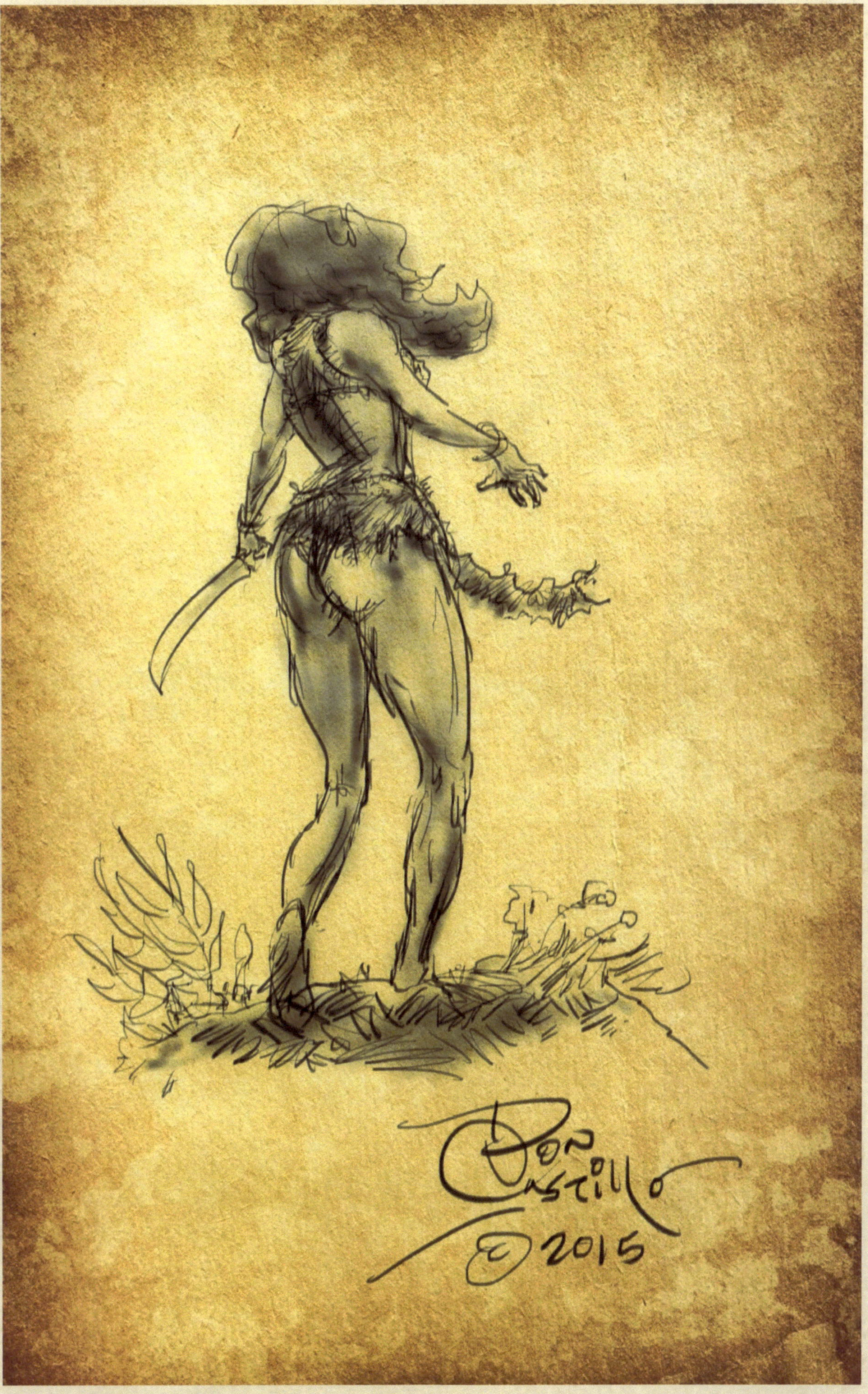
Don Castillo
©2015

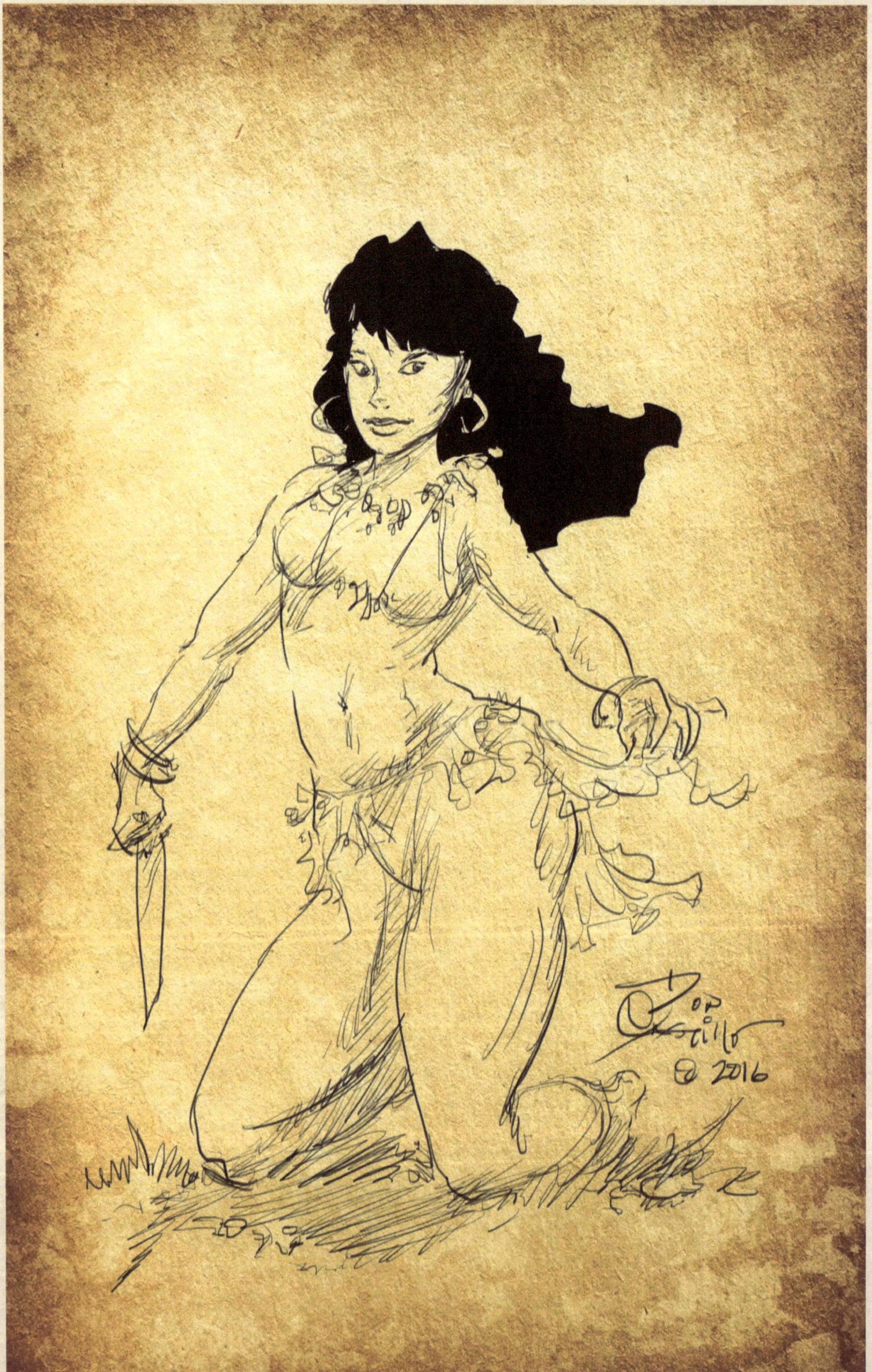
© 2016

www.ingramcontent.com/pod-product-compliance
Lightning Source LLC
Chambersburg PA
CBHW050417180526
45159CB00005B/2308
* 9 7 8 1 5 2 3 7 6 4 7 1 6 *